Einstern

1

Themenheft 2

★ Rechnen bis 10 ★ Lagebeziehungen
★ Linien und Figuren zeichnen ★ Körper

Erarbeitet von Roland Bauer und Jutta Maurach

In Zusammenarbeit mit der Redaktion Mathematik Grundschule

Cornelsen

Inhaltsverzeichnis

1

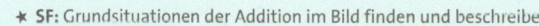

★ **SF:** Grundsituationen der Addition im Bild finden und beschreiben
★ **SF:** weitere Situationen aus dem eigenen Alltag beschreiben

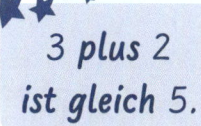

3 plus 2 ist gleich 5.

1

__4__ plus __2__ ist gleich __6__ .

4	+	2	=	6

__2__ plus __1__ ist gleich _____ .

	+		=	

__2__ plus __3__ ist gleich _____ .

	+		=	

__3__ plus __2__ ist gleich _____ .

	+		=	

1

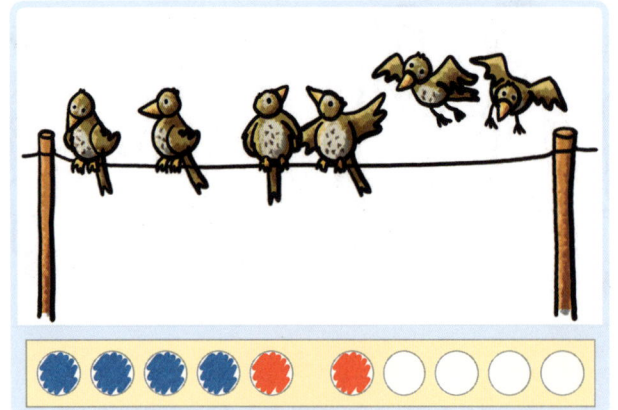

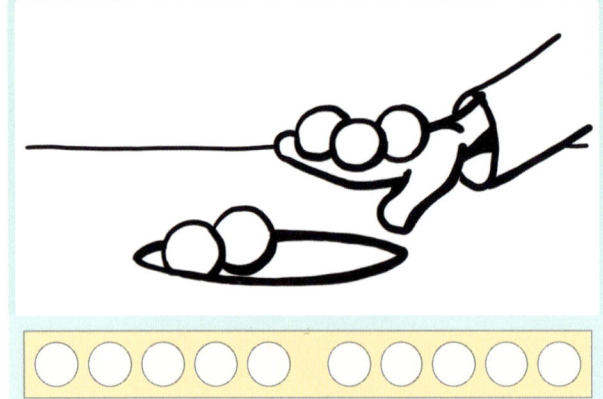

2

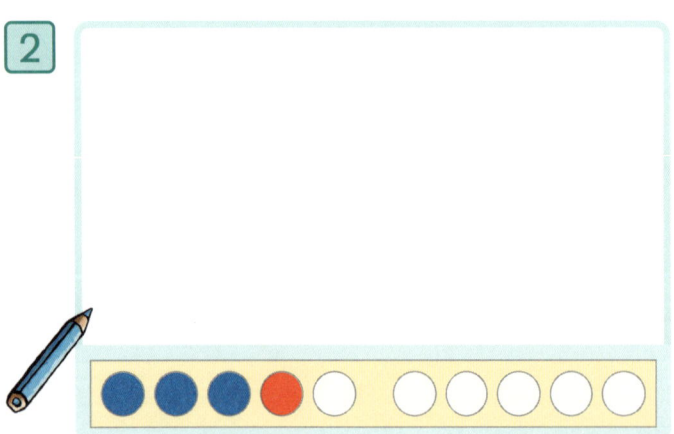

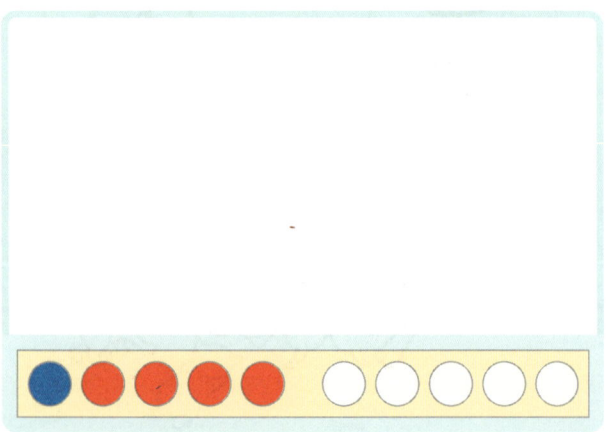

★ **SF:** Handlungen in Bildsituationen beschreiben
★ Bildsituationen in Punktebilder am Zehnerfeld übertragen
★ zu vorgegebenen Punktebildern Handlungen finden und zeichnen

1

$$4 + 3 = 7$$

$$\square + \square = \square$$

$$\square + \square = \square$$

$$\square + \square = \square$$

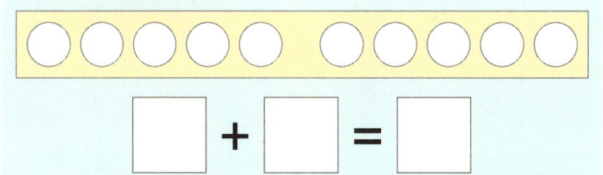

$$\square + \square = \square$$

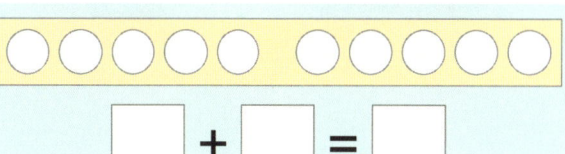

$$\square + \square = \square$$

2

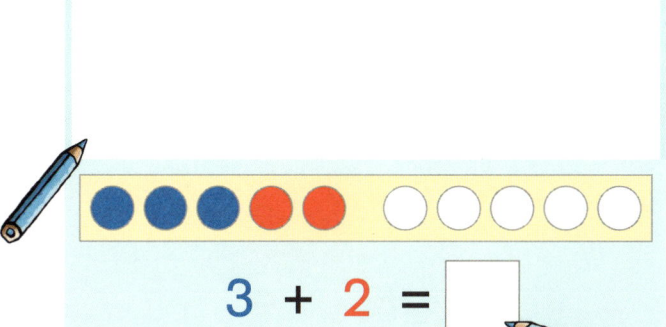

$$3 + 2 = \square$$

$$2 + 2 = \square$$

★ **SF:** abgebildete Vorgänge beschreiben
★ Bildsituationen in Punktebilder und Plusaufgaben übertragen
★ zu vorgegebenen Punktebildern und Plusaufgaben Vorgänge finden und zeichnen

2 + 4 = 6

2

$4 + 3 = 7$

$1 + \square = \square$

$\square + \square = \square$

$\square + \square = \square$

$\square + \square = \square$

$\square + \square = \square$

$\square + \square = \square\square$

$\square + \square = \square\square$

3

$\square + \square = \square\square$

$\square + \square = \square\square$

B   ÜH 12

★ mit einem Partnerkind Plusaufgaben legen und lösen
★ vorgegebene Punktebilder in Plusaufgaben übertragen
★ eigene Punktebilder und Plusaufgaben finden

1 4 + 1 = ☐

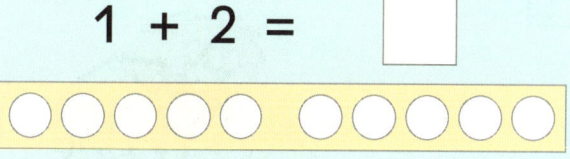

1 + 2 = ☐

3 + 3 = ☐

2 + 2 = ☐

6 + 1 = ☐

7 + 2 = ☐

9 + 1 = ☐☐

3 + 5 = ☐

0 + 3 = ☐

5 + 1 = ☐

6 + 4 = ☐☐

2 ☐ + ☐ = ☐☐

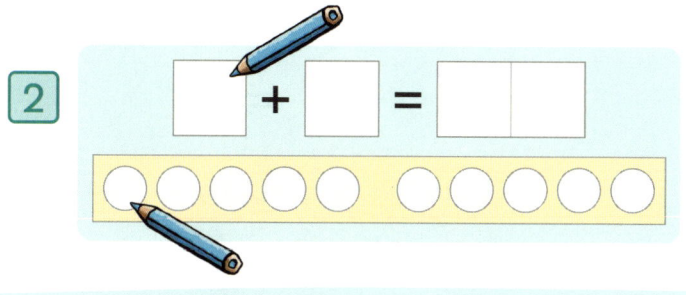

☐ + ☐ = ☐☐

★ Plusaufgaben in Punktebilder übertragen
★ Punktebilder als Lösungshilfe nutzen
★ selbst Plusaufgaben finden und lösen

1

2 3 + 2 = ☐   4 + 4 = ☐   9 + 0 = ☐

5 + 4 = ☐   4 + 6 = ☐   7 + 3 = ☐

2 + 7 = ☐   7 + 1 = ☐   2 + 3 = ☐

2 + 6 = ☐   3 + 5 = ☐   1 + 4 = ☐

4 + 5 = ☐   6 + 4 = ☐   5 + 3 = ☐

2 + 2 = ☐   8 + 2 = ☐   1 + 9 = ☐

6 + 3 = ☐   3 + 7 = ☐   5 + 5 = ☐

4 + 0 = ☐   4 + 2 = ☐   2 + 8 = ☐

1 + 6 = ☐   9 + 1 = ☐   6 + 1 = ☐

3 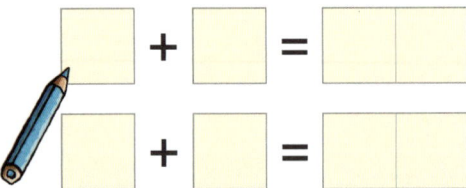 ☐ + ☐ = ☐   ☐ + ☐ = ☐

☐ + ☐ = ☐   ☐ + ☐ = ☐

+
B

★ Plusaufgaben mit Rechenkärtchen üben
★ Plusaufgaben lösen, ggf. Zehnerfeld und Plättchen nutzen
★ eigene Plusaufgaben finden

4

Bei einer **Zahlenmauer** rechne ich so:
$4 + 3 = 7$

6 2

 5 1

 4 5

7 3

 1 6

5

 2 3

 2 4

 2 5

 2 6

6

 3 7

 4 6

 5 5

 6 4

7

$3 + 7 = 1\ 0$ $4 + 6 =$

$2 + 6 =\quad 8$ $8 + 1 =$

$7 + 2 =$ $3 + 4 =$

★ Aufgaben in Zahlenmauern finden und lösen
★ Muster in Zahlenmauern entdecken
★ Hefteintrag üben, auf stellengerechte Schreibweise achten

ÜH 13   **11**

2 + **3**

3 + **2**

2 + **3** = 5 und
3 + **2** = 5 sind
Tauschaufgaben.

2

5 + **1** = **6**

1 + **5** = **6**

5 + **3** = ☐

3 + **5** = ☐

2 + **2** = ☐

2 + **2** = ☐

7 + **3** = ☐☐

3 + **7** = ☐☐

3

2 + **4** = ☐

4 + **2** = ☐

8 + **2** = ☐☐

2 + **8** = ☐☐

B

★ an Punktebildern Aufgaben und Tauschaufgaben erkennen
★ Punktebilder zu Aufgaben und Tauschaufgaben zeichnen
★ SF: den Begriff „Tauschaufgabe" verwenden

1   3 + 1 = 4   2 + 1 = ☐   0 + 7 = ☐

    1 + 3 = ☐   1 + 2 = ☐   7 + 0 = ☐

    4 + 4 = ☐   1 + 8 = ☐   2 + 6 = ☐

    4 + 4 = ☐   8 + 1 = ☐   6 + 2 = ☐

2   6 + 0 = 6   3 + 4 = ☐   4 + 2 = ☐

    0 + 6 = 6   ☐ + ☐ = ☐   ☐ + ☐ = ☐

    3 + 5 = ☐   8 + 1 = ☐   7 + 2 = ☐

    ☐ + ☐ = ☐   ☐ + ☐ = ☐   ☐ + ☐ = ☐

    2 + 5 = ☐   2 + 2 = ☐   1 + 4 = ☐

    ☐ + ☐ = ☐   ☐ + ☐ = ☐   ☐ + ☐ = ☐

3   ☐ + ☐ = ☐   ☐ + ☐ = ☐   ☐ + ☐ = ☐

    ☐ + ☐ = ☐   ☐ + ☐ = ☐   ☐ + ☐ = ☐

★ Aufgaben und Tauschaufgaben lösen
★ selbst Tauschaufgaben finden
★ selbst Aufgaben und Tauschaufgaben finden

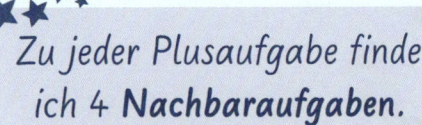

*Zu jeder Plusaufgabe finde ich 4 **Nachbaraufgaben**.*

$3 + 2 = 5$

$4 + 2 = 6$

$4 + 1 = 5$

$5 + 2 = 7$

$4 + 3 = 7$

1

$4 + 2 = \boxed{}$

$5 + 2 = 7$

$6 + 2 = \boxed{}$

$2 + 3 = \boxed{}$

$3 + 3 = 6$

$4 + 3 = \boxed{}$

$7 + 1 = \boxed{}$

$8 + 1 = \quad 9$

$9 + 1 = \boxed{}$

2

$2 + 3 = \boxed{}$

$2 + 4 = 6$

$2 + 5 = \boxed{}$

$5 + 2 = \boxed{}$

$5 + 3 = 8$

$5 + 4 = \boxed{}$

$3 + 5 = \boxed{}$

$3 + 6 = \quad 9$

$3 + 7 = \boxed{}$

3

$3 + 3 = \boxed{}$

$4 + 3 = 7$

$5 + 3 = \boxed{}$

$4 + 2 = \boxed{}$

$4 + 4 = \boxed{}$

4

$\boxed{} + 4 = \boxed{}$

$5 + 4 = 9$

$\boxed{} + 4 = \boxed{}$

$5 + \boxed{} = \boxed{}$

$5 + \boxed{} = \boxed{}$

B   ÜH 15

★ SF: den Begriff „Nachbaraufgabe" verwenden
★ Nachbaraufgaben lösen ★ Strukturen von Nachbaraufgaben verstehen und übertragen
★ ggf. Aufgaben mit Zehnerfeld und Plättchen legen

Hier kannst du etwas entdecken.

1

5 + 2 = ☐   4 + 3 = ☐   3 + 5 = ☐

5 + 3 = ☐   4 + 4 = ☐   3 + ☐ = ☐

5 + 4 = ☐   4 + 5 = ☐   3 + ☐ = ☐☐

2

1 + 1 = ☐   4 + 2 = ☐   3 + 5 = ☐

2 + 1 = ☐   5 + 2 = ☐   4 + ☐ = ☐

3 + 1 = ☐   6 + 2 = ☐   5 + ☐ = ☐☐

3

7 + 2 = ☐   3 + 5 = ☐   6 + 4 = ☐☐

6 + 3 = ☐   2 + 6 = ☐   5 + ☐ = ☐☐

5 + 4 = ☐   1 + 7 = ☐   4 + ☐ = ☐☐

4

☐ + ☐ = ☐   ☐ + ☐ = ☐   ☐ + ☐ = ☐

☐ + ☐ = ☐   ☐ + ☐ = ☐   ☐ + ☐ = ☐

☐ + ☐ = ☐   ☐ + ☐ = ☐   ☐ + ☐ = ☐

★ Strukturen von Aufgabenreihen erkennen
★ Aufgabenreihen fortsetzen ★ selbst Aufgabenreihen bilden
★ MK: Strukturen als Algorithmen erkennen und nutzen

15

1

5 plus 2 ist gleich 7.

5 + ☐ = 7 ist eine **Ergänzungsaufgabe**.

2

$2 + \boxed{3} = 5$

$3 + \boxed{} = 6$

$1 + \boxed{} = 5$

$4 + \boxed{} = 8$

$7 + \boxed{} = 10$

$2 + \boxed{} = 6$

3

$1 + \boxed{} = 4$

$3 + \boxed{} = 5$

$6 + \boxed{} = 10$

$5 + \boxed{} = 5$

16

B

★ gemeinsam mit einem Partnerkind Ergänzungsaufgaben handelnd lösen
★ SF: den Begriff „Ergänzungsaufgabe" kennenlernen
★ Ergänzungsaufgaben mithilfe von Punktebildern lösen

$3 + 2 = 5$

1 | $3 + \boxed{2} = 5$ | $2 + \boxed{} = 6$ | $7 + \boxed{} = 9$
| $4 + \boxed{} = 5$ | $3 + \boxed{} = 6$ | $6 + \boxed{} = 9$
| $5 + \boxed{} = 5$ | $4 + \boxed{} = 6$ | $5 + \boxed{} = 9$

2 | $2 + \boxed{} = 8$ | $8 + \boxed{} = 9$ | $1 + \boxed{} = 7$
| $4 + \boxed{} = 8$ | $6 + \boxed{} = 9$ | $3 + \boxed{} = 7$
| $6 + \boxed{} = 8$ | $4 + \boxed{} = 9$ | $5 + \boxed{} = 7$

3 | $\boxed{} + 4 = 5$ | $\boxed{} + 3 = 6$ | $\boxed{} + 3 = 9$
| $\boxed{} + 3 = 5$ | $\boxed{} + 2 = 6$ | $\boxed{} + 4 = 9$
| $\boxed{} + 2 = 5$ | $\boxed{} + 1 = 6$ | $\boxed{} + 5 = 9$

4 | $\boxed{} + 2 = 7$ | $\boxed{} + 3 = 9$ | $\boxed{} + 4 = 4$
| $\boxed{} + 4 = 7$ | $\boxed{} + 5 = 9$ | $\boxed{} + 2 = 4$
| $\boxed{} + 6 = 7$ | $\boxed{} + 7 = 9$ | $\boxed{} + 0 = 4$

★ Ergänzungsaufgaben lösen
★ Muster erkennen und nutzen
★ ggf. Zehnerfeld und Plättchen als Hilfsmittel nutzen

 D 25   ÜH 16   B **17**

 1

7 + 3 = 10

2

9 + 1 = 10

5 + ☐ = 10

3 + ☐ = 10

1 + ☐ = 10

2 + ☐ = 10

6 + ☐ = 10

7 + ☐ = 10

4 + ☐ = 10

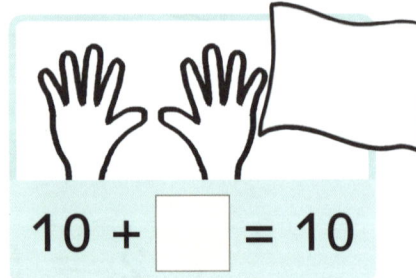

10 + ☐ = 10

 3

☐ + 8 = 10

☐ + 5 = 10

☐ + 3 = 10

★ mit Fingerbildern zur 10 ergänzen
★ Ergänzungsaufgaben nach Vorgabe zeichnerisch darstellen und lösen

Verliebte Zahlen.

Immer 10.

1

2 + ☐ = 10   6 + ☐ = 10   1 + ☐ = 10

9 + ☐ = 10   5 + ☐ = 10   10 + ☐ = 10

4 + ☐ = 10   7 + ☐ = 10   3 + ☐ = 10

2

☐ + 3 = 10   ☐ + 9 = 10   ☐ + 0 = 10

☐ + 8 = 10   ☐ + 2 = 10   ☐ + 7 = 10

☐ + 1 = 10   ☐ + 5 = 10   ☐ + 4 = 10

3

2 + 3 + ☐ = 10   2 + ☐ + 2 = 10

6 + 1 + ☐ = 10   ☐ + 5 + 1 = 10

3 + 7 + ☐ = 10   4 + ☐ + 3 = 10

8 + 1 + ☐ = 10   ☐ + 2 + 7 = 10

4

☐ + ☐ + ☐ = 10   ☐ + ☐ + ☐ = 10

☐ + ☐ + ☐ = 10   ☐ + ☐ + ☐ = 10

★ zur 10 ergänzen
★ Ergänzungsaufgaben mit drei Summanden lösen
★ eigene Aufgaben zum Ergebnis 10 finden

1

	hinter ✗ / vor ◯		hinter ◯ / vor ◯		hinter ◯ / vor ◯		hinter ◯ / vor ◯

2

	über ◯ / auf ◯ / unter ✗		über ◯ / auf ◯ / unter ◯		über ◯ / auf ◯ / unter ◯		über ◯ / auf ◯ / unter ◯

★ SF: Lagebeziehungen „hinter", „vor" sowie „über", „auf", „unter" erkennen und benennen

1

*Die Bücher sind **oben** im Regal.*

*Die Bälle sind **unten** im Regal.*

oben

Mitte

unten

2

oben

Mitte

unten

★ **SF:** Lagebeziehungen „oben", „in der Mitte", „unten" erkennen und benennen
★ Elemente an vorgegebener Stelle ins Regal einordnen

21

1

2

★ SF: die Begriffe „links" und „rechts" kennenlernen und verwenden
★ Elemente an vorgegebener Stelle im Bild einzeichnen

Hebe dein rechtes Bein.

links

rechts

★ **SF:** die Begriffe „links" und „rechts" unterscheiden und verwenden

1

D 28

★ SF: die Begriffe „links" und „rechts" aus zwei verschiedenen Perspektiven zuordnen und verwenden ★ Elemente an vorgegebener Stelle im Bild einzeichnen

1

Der Bagger steht **oben links.**

2

○ oben ○ links ○ rechts
✗ unten ✗ Mitte

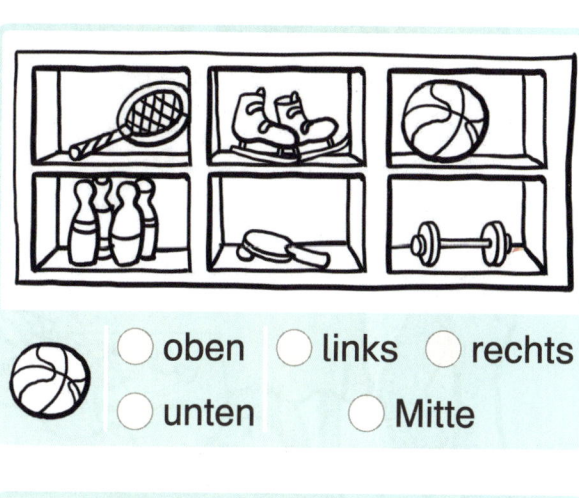

○ oben ○ links ○ rechts
○ unten ○ Mitte

○ oben ○ links ○ rechts
○ unten ○ Mitte

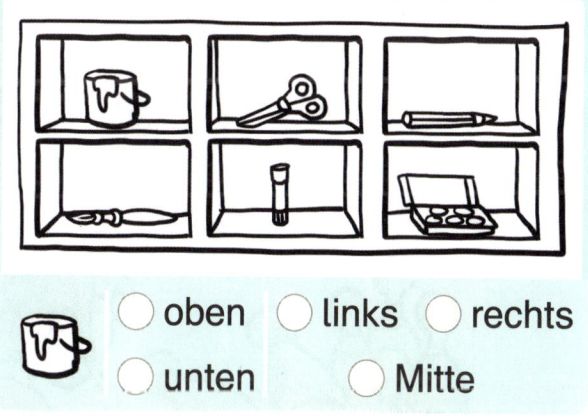

○ oben ○ links ○ rechts
○ unten ○ Mitte

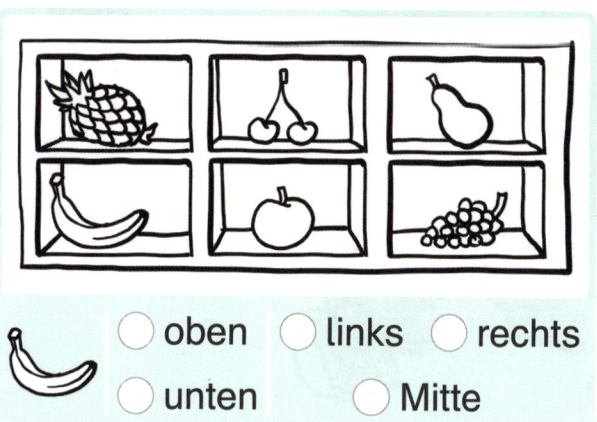

○ oben ○ links ○ rechts
○ unten ○ Mitte

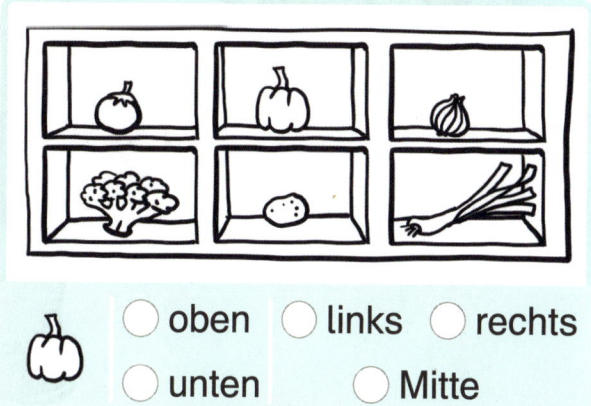

○ oben ○ links ○ rechts
○ unten ○ Mitte

★ SF: kombinierte Lagebeziehungen beschreiben
★ kombinierte Lagebeziehungen finden

1

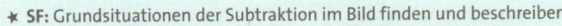

★ **SF:** Grundsituationen der Subtraktion im Bild finden und beschreiben
★ **SF:** weitere Situationen aus dem eigenen Alltag beschreiben

4 minus 1 ist gleich 3.

1

_5_ minus _2_ ist gleich _3_ .

| 5 | − | 2 | = | 3 |

_6_ minus _3_ ist gleich ___ .

☐ − ☐ = ☐

_3_ minus _1_ ist gleich ___ .

☐ − ☐ = ☐

_4_ minus _2_ ist gleich ___ .

☐ − ☐ = ☐

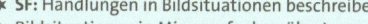

1

2

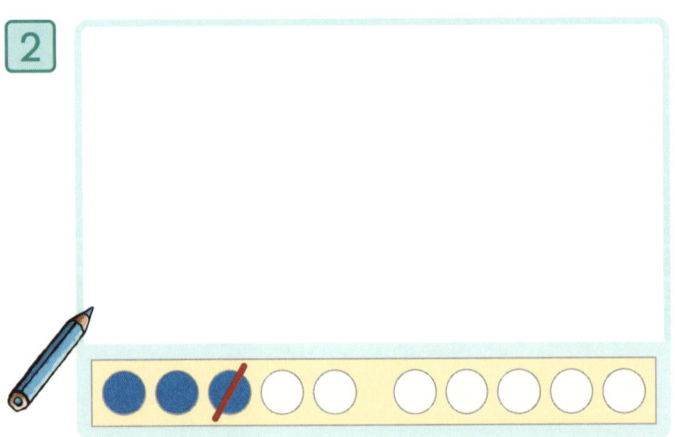

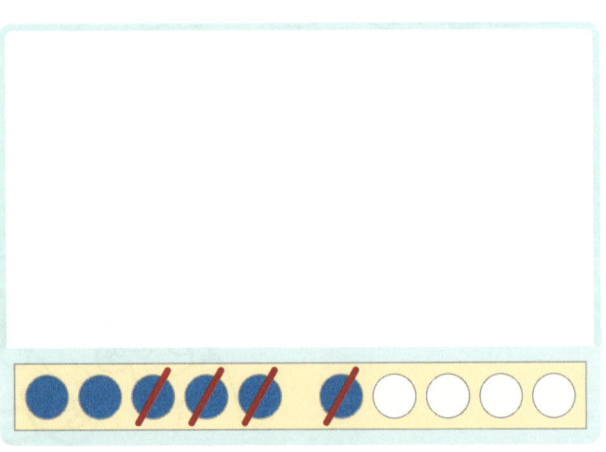

* **SF:** Handlungen in Bildsituationen beschreiben
* Bildsituationen in Punktebilder am Zehnerfeld übertragen
* zu vorgegebenen Punktebildern Handlungen finden und zeichnen

1

$$7 - 3 = 4$$

$$\square - \square = \square$$

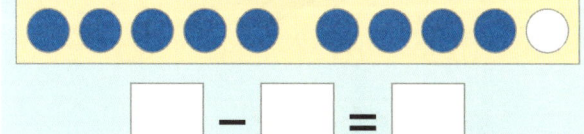

$$\square - \square = \square$$

$$\square - \square = \square$$

$$\square - \square = \square$$

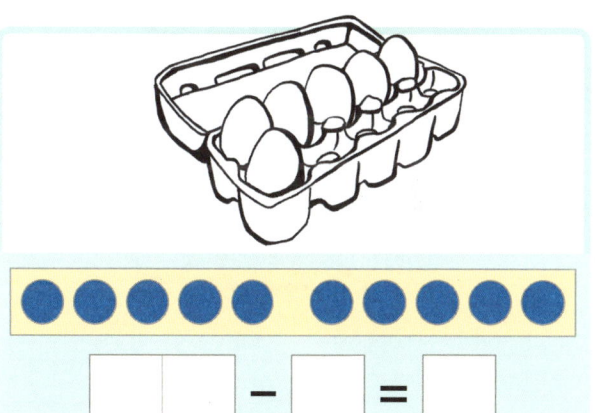

$$\square\,\square - \square = \square$$

2

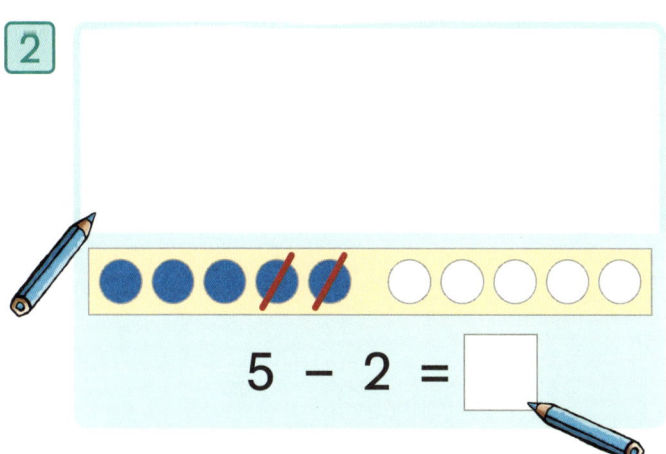

$$5 - 2 = \square$$

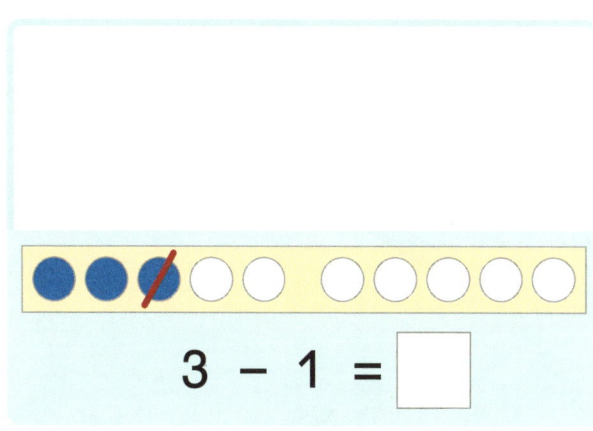

$$3 - 1 = \square$$

★ **SF:** abgebildete Vorgänge beschreiben
★ Bildsituationen in Punktebilder und Minusaufgaben übertragen
★ zu vorgegebenen Punktebildern und Minusaufgaben Vorgänge finden und zeichnen

29

 1

5 – 2 = 3

2

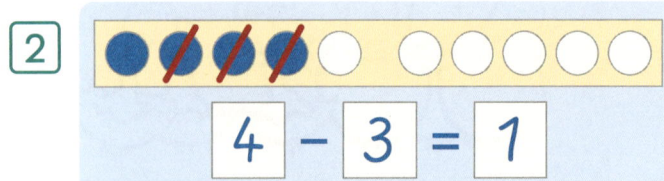

$4 - 3 = 1$

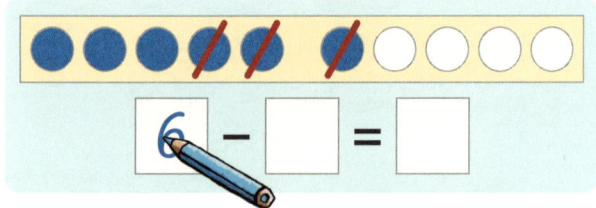

$6 - \square = \square$

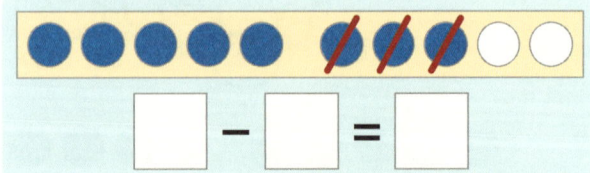

$\square - \square = \square$

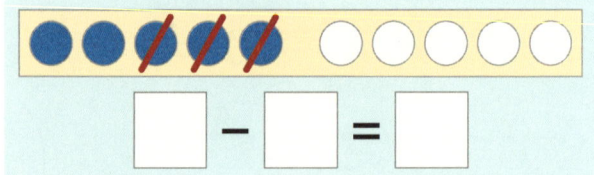

$\square - \square = \square$

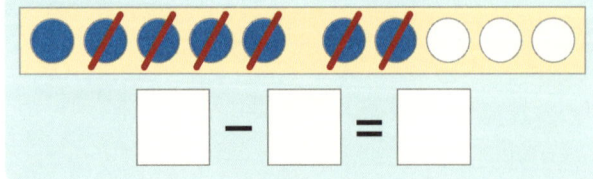

$\square - \square = \square$

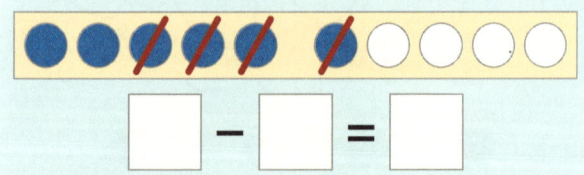

$\square - \square = \square$

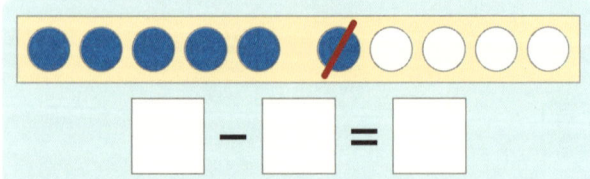

$\square - \square = \square$

3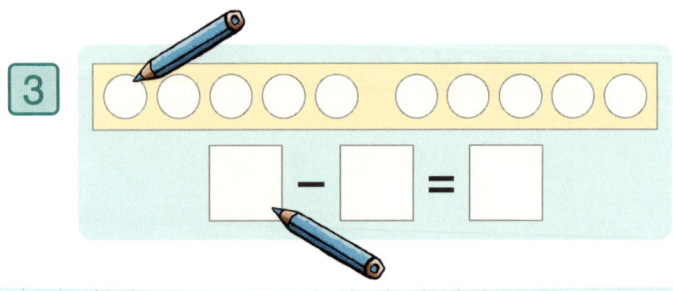

$\square - \square = \square$

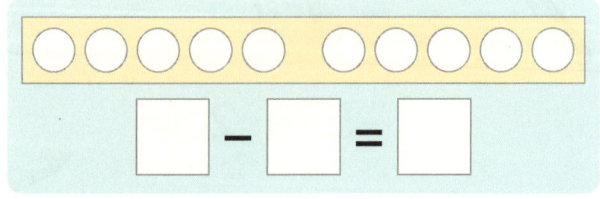

$\square - \square = \square$

B   ÜH 19

★ mit einem Partnerkind Minusaufgaben handelnd lösen
★ vorgegebene Punktebilder in Minusaufgaben übertragen
★ eigene Punktebilder und Minusaufgaben finden

1 6 − 4 = ☐

5 − 2 = ☐

4 − 3 = ☐

5 − 4 = ☐

9 − 3 = ☐

4 − 0 = ☐

8 − 3 = ☐

10 − 7 = ☐

6 − 2 = ☐

6 − 5 = ☐

3 − 3 = ☐

2 ☐ − ☐ = ☐

☐ − ☐ = ☐

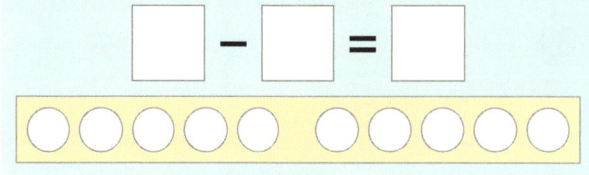

★ Minusaufgaben in Punktebilder übertragen
★ Punktebilder als Lösungshilfe nutzen
★ selbst Minusaufgaben finden und lösen

2   $5 - 1 =$ ☐ $3 - 1 =$ ☐ $7 - 2 =$ ☐

$4 - 3 =$ ☐ $9 - 2 =$ ☐ $8 - 6 =$ ☐

$9 - 4 =$ ☐ $10 - 1 =$ ☐ $9 - 5 =$ ☐

$5 - 2 =$ ☐ $10 - 7 =$ ☐ $8 - 2 =$ ☐

$3 - 3 =$ ☐ $8 - 3 =$ ☐ $5 - 0 =$ ☐

$6 - 2 =$ ☐ $7 - 5 =$ ☐ $9 - 6 =$ ☐

$7 - 3 =$ ☐ $6 - 4 =$ ☐ $6 - 3 =$ ☐

$8 - 5 =$ ☐ $2 - 0 =$ ☐ $7 - 4 =$ ☐

$9 - 9 =$ ☐ $10 - 5 =$ ☐ $1 - 1 =$ ☐

3

★ Minusaufgaben mit Rechenkärtchen üben
★ Minusaufgaben lösen, ggf. Zehnerfeld und Plättchen nutzen
★ eigene Minusaufgaben finden

4

5

6

7

$4 - 1 = 3$ $\qquad$ $10 - 1 =$

$6 - 5 =$ $\qquad$ $8 - 5 =$

$5 - 3 =$ $\qquad$ $7 - 4 =$

★ Aufgaben in Zahlenmauern finden und lösen
★ Muster in Zahlenmauern entdecken
★ Hefteintrag üben, auf stellengerechte Schreibweise achten

ÜH 20 **33**

Zu jeder Minusaufgabe finde ich 4 **Nachbaraufgaben**.

$4 - 2 = 2$

$5 - 1 = 4$

$5 - 2 = 3$

$6 - 2 = 4$

$5 - 3 = 2$

1

$4 - 3 = \square$
$5 - 3 = 2$
$6 - 3 = \square$

$7 - 2 = \square$
$8 - 2 = 6$
$9 - 2 = \square$

$6 - 4 = \square$
$7 - 4 = 3$
$8 - 4 = \square$

2

$6 - 3 = \square$
$6 - 4 = 2$
$6 - 5 = \square$

$7 - 5 = \square$
$7 - 6 = 1$
$7 - 7 = \square$

$9 - 1 = \square$
$9 - 2 = 7$
$9 - 3 = \square$

3

$8 - 3 = \square$

$9 - 3 = 6$

$10 - 3 = \square$

$9 - 2 = \square$

$9 - 4 = \square$

4

$\square - 4 = \square$

$7 - 4 = 3$

$\square - 4 = \square$

$7 - \square = \square$

$7 - \square = \square$

 B ÜH 21

★ **SF:** den Begriff „Nachbaraufgabe" verwenden
★ Nachbaraufgaben lösen ★ Strukturen von Nachbaraufgaben verstehen und übertragen
★ ggf. Aufgaben mit Zehnerfeld und Plättchen legen

Hier kannst du etwas entdecken.

1   8 – 3 = ☐   9 – 5 = ☐   10 – 2 = ☐

    8 – 4 = ☐   9 – 6 = ☐   10 – ☐ = ☐

    8 – 5 = ☐   9 – 7̶ = ☐   10 – ☐ = ☐

2   5 – 3 = ☐   8 – 5 = ☐   3 – 2 = ☐

    6 – 3 = ☐   9 – 5 = ☐   4 – ☐ = ☐

    7̶ – 3 = ☐   10 – 5 = ☐   5 – ☐ = ☐

3   4 – 2 = ☐   8 – 4 = ☐   6 – 3 = ☐

    5 – 3 = ☐   9 – 5 = ☐   7̶ – ☐ = ☐

    6 – 4 = ☐   10 – 6 = ☐   8 – ☐ = ☐

4   ☐ – ☐ = ☐   ☐ – ☐ = ☐   ☐ – ☐ = ☐

    ☐ – ☐ = ☐   ☐ – ☐ = ☐   ☐ – ☐ = ☐

    ☐ – ☐ = ☐   ☐ – ☐ = ☐   ☐ – ☐ = ☐

★ Strukturen von Aufgabenreihen erkennen
★ Aufgabenreihen fortsetzen ★ selbst Aufgabenreihen bilden
★ MK: Strukturen als Algorithmen erkennen und nutzen

5 minus 2 ist gleich 3.

5 – ☐ = 3 ist eine **Ergänzungsaufgabe**.

2

$5 - \boxed{2} = 3$

$4 - \boxed{} = 3$

$10 - \boxed{} = 2$

$3 - \boxed{} = 1$

$10 - \boxed{} = 7$

$9 - \boxed{} = 5$

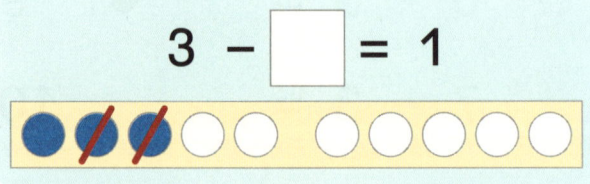

3

$7 - \boxed{} = 3$

$5 - \boxed{} = 1$

$2 - \boxed{} = 0$

$3 - \boxed{} = 3$

★ gemeinsam mit einem Partnerkind Ergänzungsaufgaben lösen
★ SF: den Begriff „Ergänzungsaufgabe" nutzen
★ Ergänzungsaufgaben mithilfe von Punktebildern lösen

$5 - 1 = 4$

1

$5 - \boxed{1} = 4$

$5 - \boxed{} = 3$

$5 - \boxed{} = 2$

$6 - \boxed{} = 2$

$6 - \boxed{} = 1$

$6 - \boxed{} = 0$

$8 - \boxed{} = 4$

$8 - \boxed{} = 3$

$8 - \boxed{} = 2$

2

$7 - \boxed{} = 5$

$7 - \boxed{} = 6$

$7 - \boxed{} = 7$

$4 - \boxed{} = 2$

$4 - \boxed{} = 3$

$4 - \boxed{} = 4$

$9 - \boxed{} = 5$

$9 - \boxed{} = 6$

$9 - \boxed{} = 7$

3

$\boxed{} - 1 = 4$

$\boxed{} - 2 = 4$

$\boxed{} - 3 = 4$

$\boxed{} - 6 = 2$

$\boxed{} - 5 = 2$

$\boxed{} - 4 = 2$

$\boxed{} - 3 = 3$

$\boxed{} - 4 = 3$

$\boxed{} - 5 = 3$

4

$\boxed{} - 4 = 1$

$\boxed{} - 3 = 2$

$\boxed{} - 2 = 3$

$\boxed{} - 2 = 4$

$\boxed{} - 3 = 3$

$\boxed{} - 4 = 2$

$\boxed{} - 2 = 7$

$\boxed{} - 2 = 6$

$\boxed{} - 2 = 5$

★ Ergänzungsaufgaben lösen
★ Muster erkennen und nutzen
★ ggf. Zehnerfeld und Plättchen als Hilfsmittel nutzen

D 30   ÜH 22   B   37

1

ÜH 23

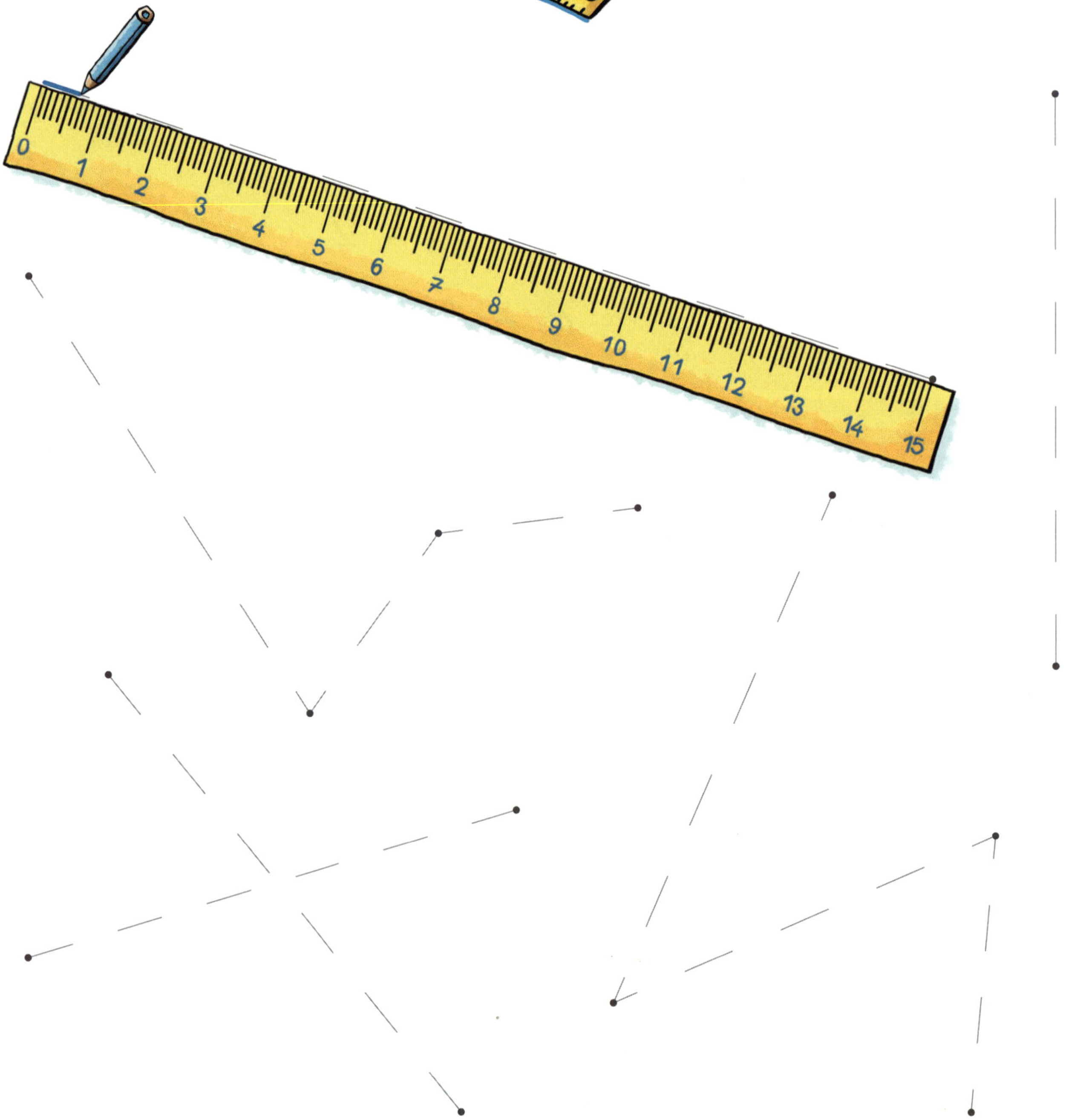

★ Linien mit dem Lineal zeichnen
★ sachgerechten Umgang mit dem Lineal lernen und üben

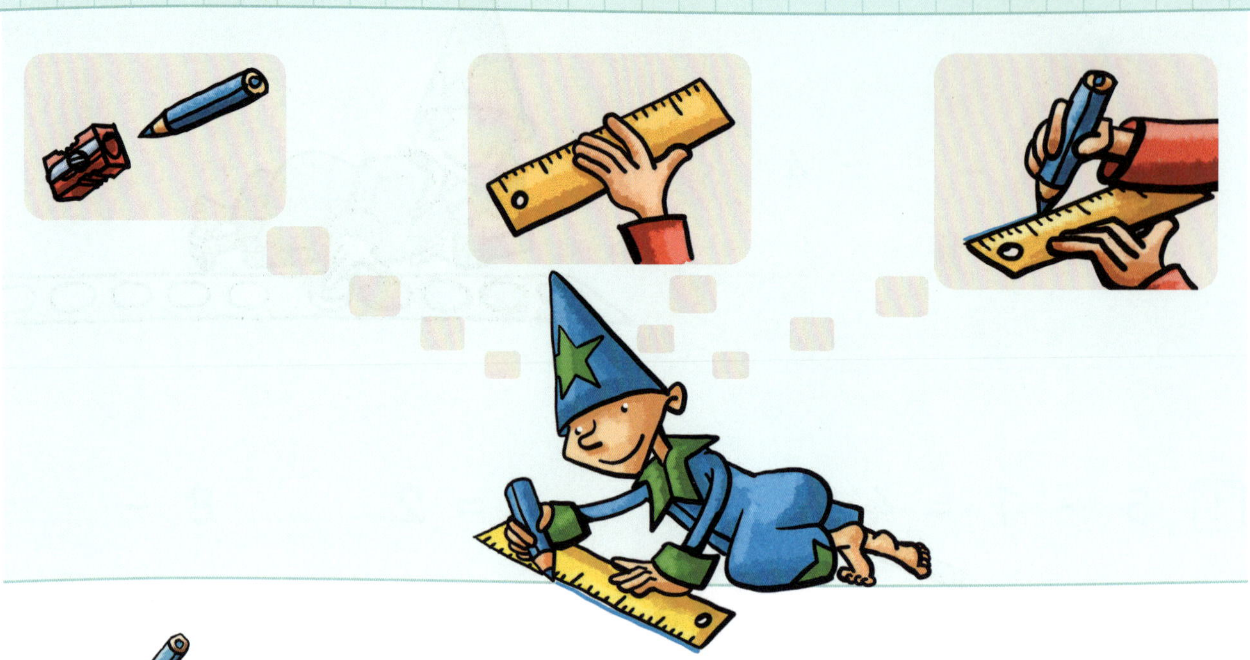

1

• 4

• 11
• 5   • 1   • 3

• 9   • 10   • 2   • 3

• 8   4 •

6
•

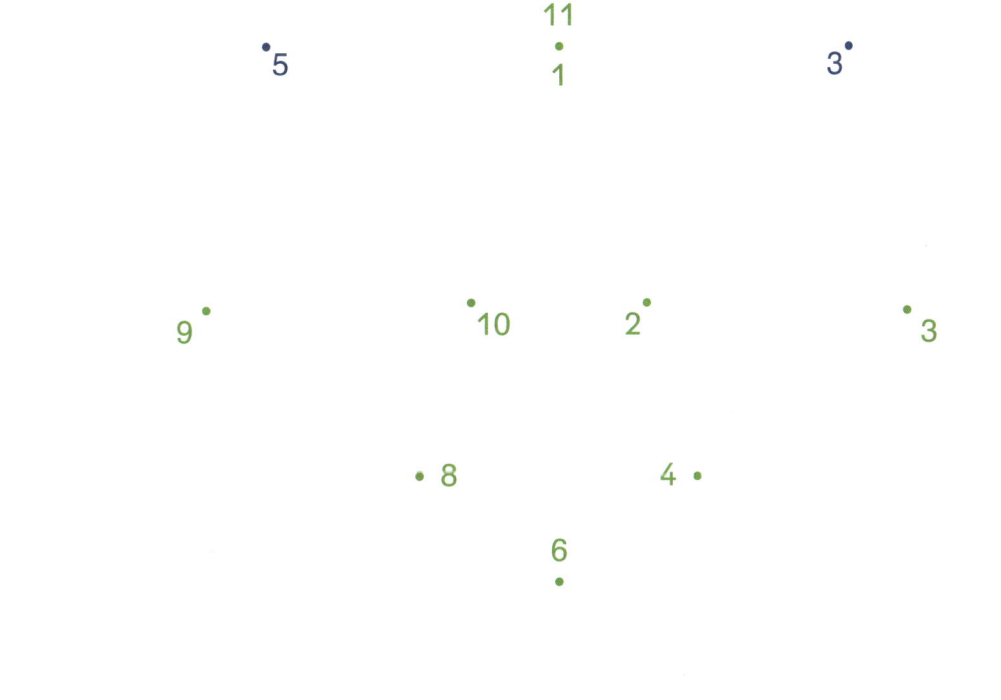

7 •   • 5

1 ━━━━━━━━━━━━ 2
6 ╞════════════════════╡
   0 1 2 3 4 5 6 7 8 9 10 11 12 13 14 15

★ vorgegebene Punkte mit dem Lineal verbinden
★ Lineal richtig anlegen

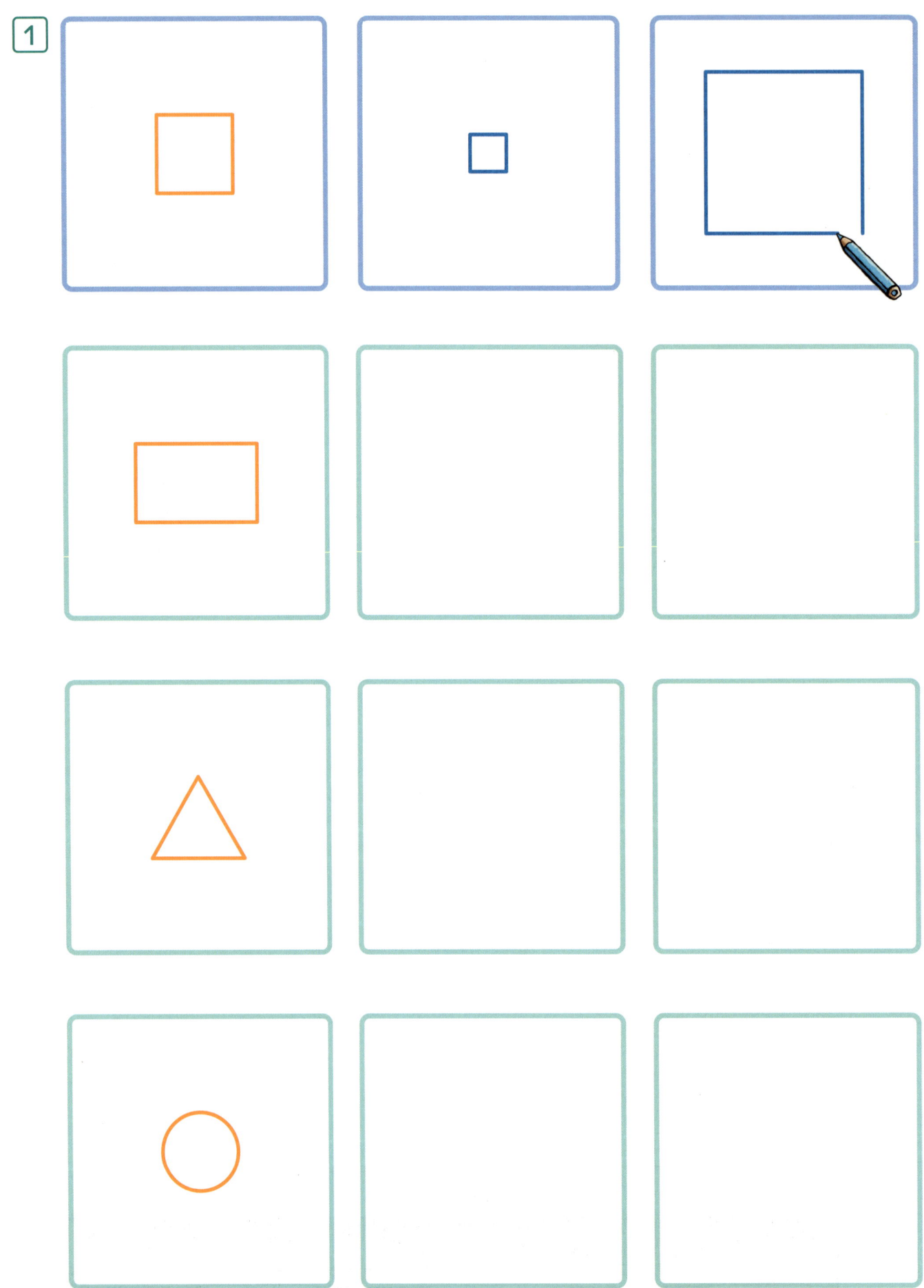

★ vorgegebene Figuren verkleinert und vergrößert frei zeichnen

2

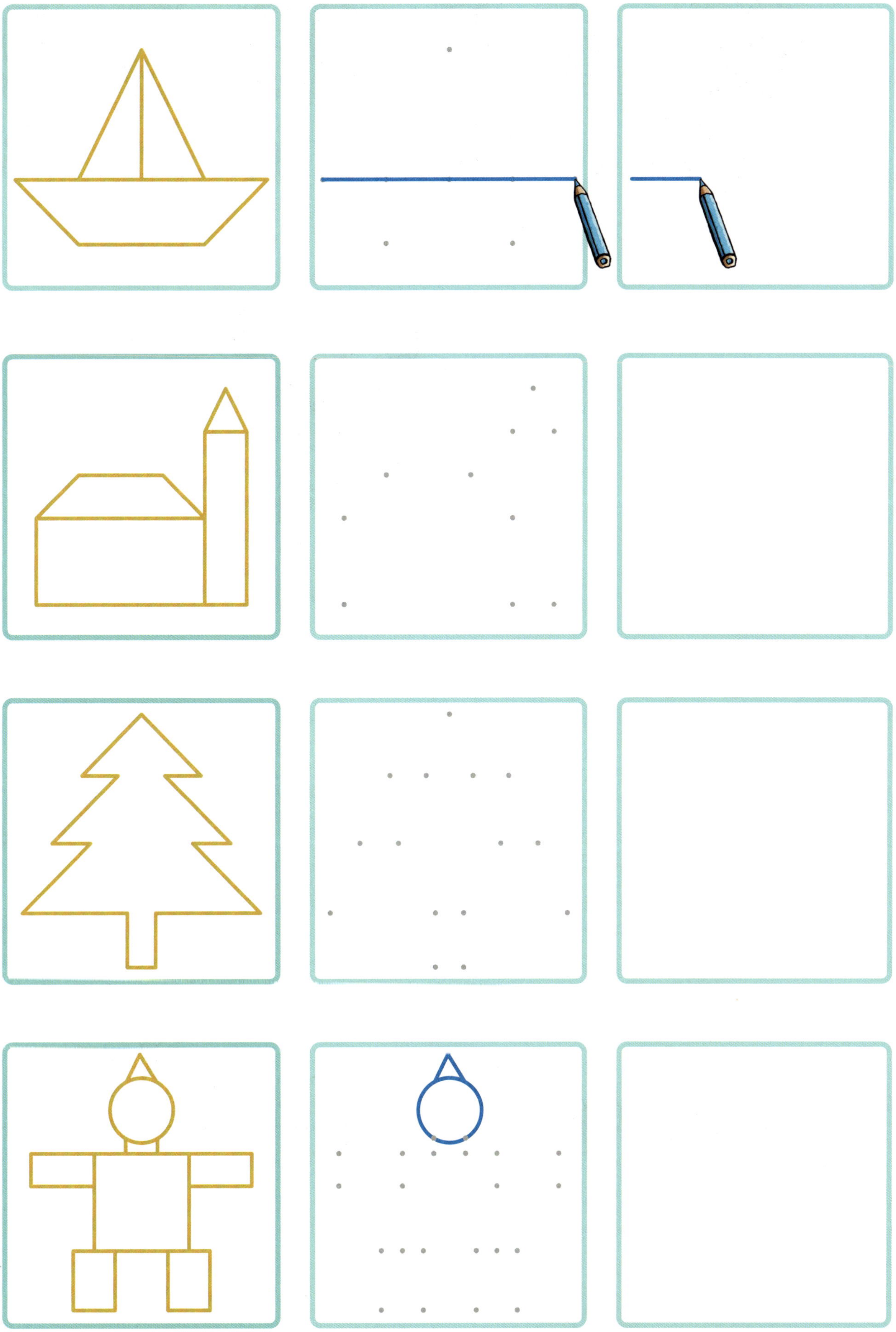

★ Figuren mithilfe vorgegebener Eckpunkte ohne Lineal nachzeichnen
★ Figuren ohne Lineal nachzeichnen

D 33

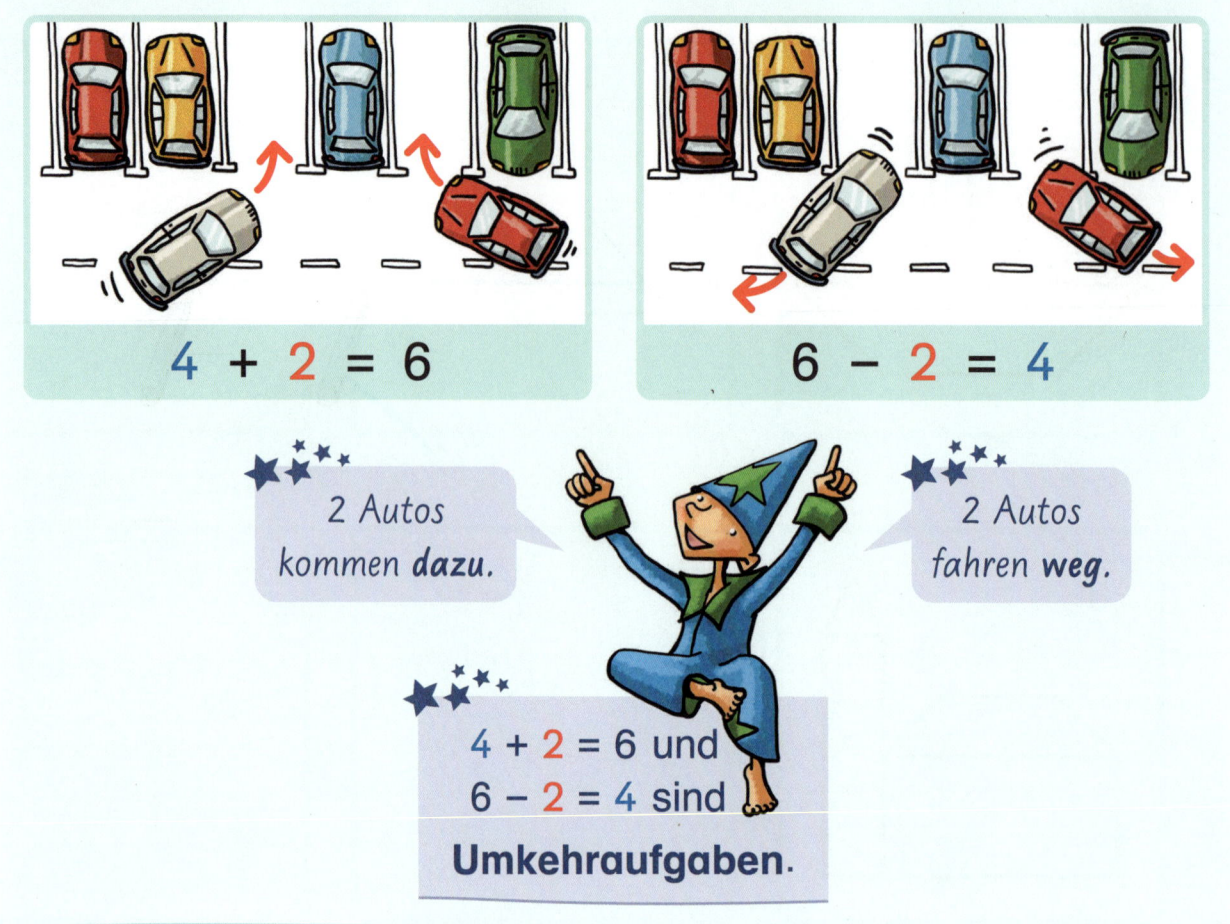

$$4 + 2 = 6$$

$$6 - 2 = 4$$

2 Autos kommen **dazu**.

2 Autos fahren **weg**.

$4 + 2 = 6$ und
$6 - 2 = 4$ sind
Umkehraufgaben.

1

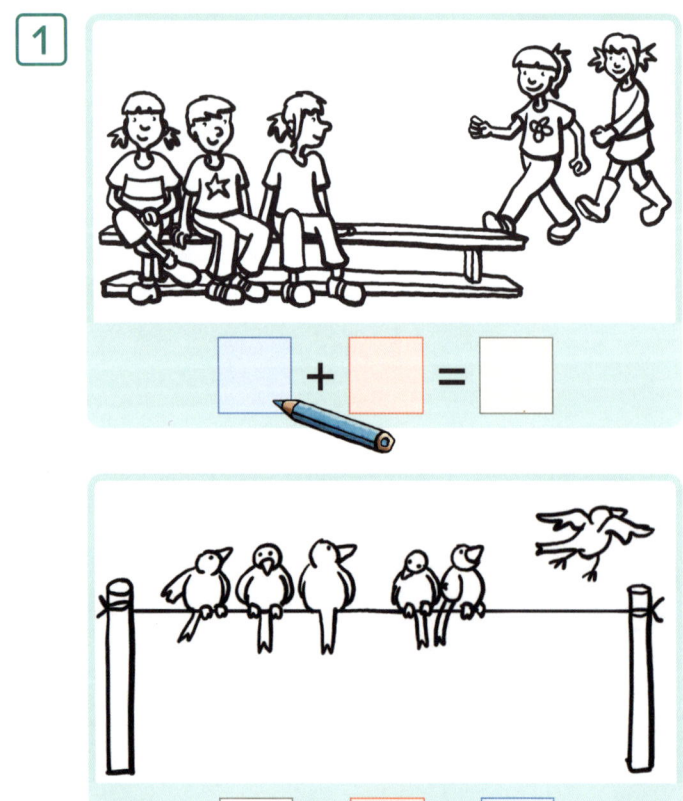

$\square + \square = \square$

$\square - \square = \square$

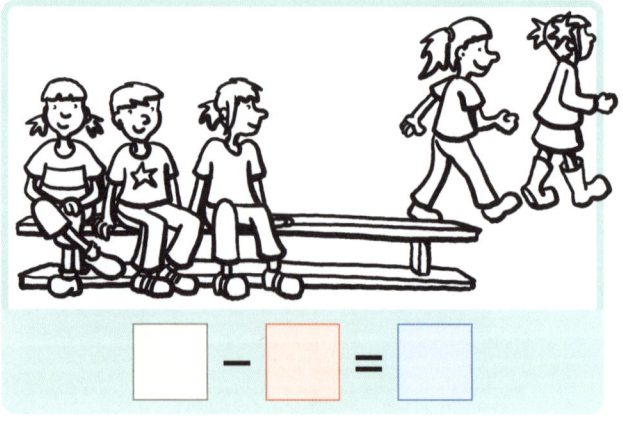

$\square - \square = \square$

$\square + \square = \square$

★ SF: Umkehraufgaben anhand abgebildeter Vorgänge beschreiben
★ SF: den Begriff „Umkehraufgabe" verwenden
★ Bildsituationen in Umkehraufgaben übertragen

1

$5 \xrightarrow[-3]{+3} 8$

$5 + 3 = \square$

$8 - 3 = \square$

$3 \xrightarrow[-6]{+6} \square$

$\square + \square = \square$

$\square - \square = \square$

$4 \xrightarrow[-2]{+2} \square$

$\square + \square = \square$

$\square - \square = \square$

2

$\square \xrightarrow[-3]{+3} 7$

$7 - 3 = \square$

$\square + \square = \square$

$\square \xrightarrow[-5]{+5} 8$

$\square - \square = \square$

$\square + \square = \square$

$\square \xrightarrow[-4]{+4} 4$

$\square - \square = \square$

$\square + \square = \square$

3

$6 + 4 = \boxed{1\,0}$

$1\,0 - 4 = \square\square$

$3 + 3 = \square$

$\square - \square = \square$

$2 + 7 = \square$

$\square - \square = \square$

$5 + 5 = \square\square$

$\square\square - \square = \square$

$6 + 2 = \square$

$\square - \square = \square$

$1 + 6 = \square$

$\square - \square = \square$

4

$10 - 7 = \boxed{3}$

$3 + 7 = \square\square$

$5 - 3 = \square$

$\square + \square = \square$

$9 - 5 = \square$

$\square + \square = \square$

$10 - 2 = \square$

$\square + \square = \square\square$

$8 - 4 = \square$

$\square + \square = \square$

$2 - 2 = \square$

$\square + \square = \square$

* Umkehraufgaben ablesen und notieren
* Umkehraufgaben bilden

1

2 + 8 = 10
und
8 + 2 = 10

10 − 2 = 8
und
10 − 8 = 2

Hier helfen **Tauschaufgaben** und **Umkehraufgaben**.

2

| 5 | 7 | 2 |

$5 + 2 = 7$

$2 + \boxed{} = 7$

$7 - 2 = \boxed{}$

$7 - \boxed{} = \boxed{}$

| 5 | 4 | 9 |

$\boxed{} + \boxed{} = \boxed{}$

$\boxed{} + \boxed{} = \boxed{}$

$\boxed{} - \boxed{} = \boxed{}$

$\boxed{} - \boxed{} = \boxed{}$

| 6 | 8 | 2 |

$\boxed{} + \boxed{} = \boxed{}$

$\boxed{} + \boxed{} = \boxed{}$

$\boxed{} - \boxed{} = \boxed{}$

$\boxed{} - \boxed{} = \boxed{}$

3

| 4 | 2 | |

$\boxed{} + \boxed{} = \boxed{}$

$\boxed{} + \boxed{} = \boxed{}$

$\boxed{} - \boxed{} = \boxed{}$

$\boxed{} - \boxed{} = \boxed{}$

| 3 | 9 | |

$\boxed{} + \boxed{} = \boxed{}$

$\boxed{} + \boxed{} = \boxed{}$

$\boxed{} - \boxed{} = \boxed{}$

$\boxed{} - \boxed{} = \boxed{}$

| | | |

$\boxed{} + \boxed{} = \boxed{}$

$\boxed{} + \boxed{} = \boxed{}$

$\boxed{} - \boxed{} = \boxed{}$

$\boxed{} - \boxed{} = \boxed{}$

 123 B

ÜH 26

★ mit drei Zahlen zwei Plus- und zwei Minusaufgaben bilden
★ Kenntnisse über Tausch- und Umkehraufgaben anwenden
★ **SF:** bei der Partnerarbeit die Begriffe „Tauschaufgabe" und „Umkehraufgabe" verwenden

1 1 + 6 = 7   7 − 4 = ☐   4 + 6 = ☐☐

   4 + 5 = ☐   4 − 3 = ☐   8 − 5 = ☐

   5 + 3 = ☐   8 − 8 = ☐   5 + 4 = ☐

   4 + 2 = ☐   10 − 5 = ☐   9 − 2 = ☐

2 6 + ☐ = 9   10 − ☐ = 1   3 + ☐ = 10

   7 + ☐ = 8   9 − ☐ = 4   6 − ☐ = 0

   2 + ☐ = 6   7 − ☐ = 5   7 − ☐ = 4

   4 + ☐ = 8   5 − ☐ = 2   1 + ☐ = 9

3 2 + 3 + 4 = ☐   7 − 1 − 5 = ☐

   3 + 3 + 2 = ☐   8 − 4 − 2 = ☐

   4 + 3 + 0 = ☐   10 − 6 − 1 = ☐

4 0 + ☐ + 1 = 8   9 − 4 − ☐ = 2

   3 + 3 + ☐ = 9   10 − ☐ − 0 = 5

   3 + ☐ + 2 = 7   7 − 5 − ☐ = 0

★ Plus- und Minusaufgaben mit zwei und drei Zahlen lösen
★ Ergänzungsaufgaben lösen
★ ggf. Zehnerfeld und Plättchen als Hilfsmittel nutzen

1

—

2

5 + 3 = 8

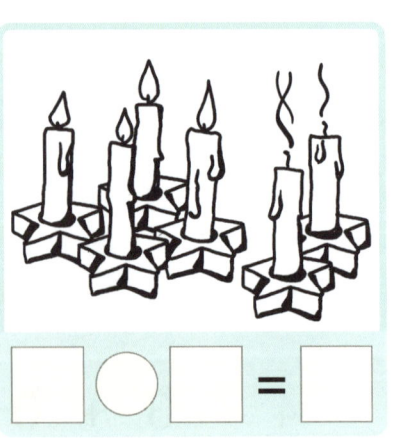

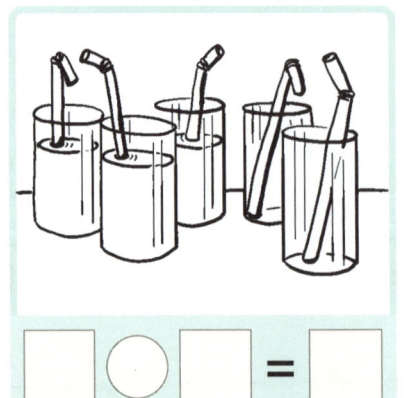

★ passende Rechenzeichen zu den Bildern finden
★ passende Aufgabe zu den Bildern finden und lösen

+ oder – ?

1

6 (+) 3 = 9   0 ◯ 6 = 6   4 ◯ 5 = 9

4 ◯ 4 = 8   3 ◯ 5 = 8   1 ◯ 7 = 8

7 ◯ 3 = 4   5 ◯ 3 = 2   7 ◯ 6 = 1

9 ◯ 0 = 9   8 ◯ 8 = 0   3 ◯ 3 = 6

6 ◯ 5 = 1   8 ◯ 2 = 10   7 ◯ 3 = 10

4 ◯ 2 = 2   6 ◯ 3 = 9   9 ◯ 7 = 2

9 ◯ 8 = 1   2 ◯ 5 = 7   4 ◯ 4 = 8

2

3 (−) [2] = 1   4 ◯ ☐ = 10   7 ◯ ☐ = 6

8 ◯ ☐ = 3   7 ◯ ☐ = 0   2 ◯ ☐ = 7

5 ◯ ☐ = 8   2 ◯ ☐ = 8   6 ◯ ☐ = 2

7 ◯ ☐ = 3   3 ◯ ☐ = 5   5 ◯ ☐ = 10

10 ◯ ☐ = 5   8 ◯ ☐ = 2   1 ◯ ☐ = 5

1 ◯ ☐ = 2   2 ◯ ☐ = 0   8 ◯ ☐ = 6

3 ◯ ☐ = 10   5 ◯ ☐ = 5   9 ◯ ☐ = 9

★ + oder – passend einsetzen
★ + oder – sowie passende Zahl einsetzen

+	2	4
3	5	7
5		

3 + 2 = 5
3 + 4 = 7

1

+	1	3	0	2
5	6			
6				

−	2	5	3	4
8	6			
6				

2

+	2		3	4
2				
3		10		

−		4	3	1
7	5			
9				

3

+	2		0
5		10	
4	8		
3			

−	3		5
10			
7		0	
9			3

1

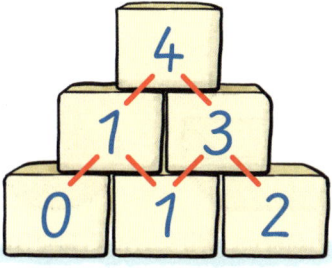

2 + 3 = 5

2

3

★ Aufgaben in Zahlenmauern finden und lösen
★ Zahlenmauern vervollständigen

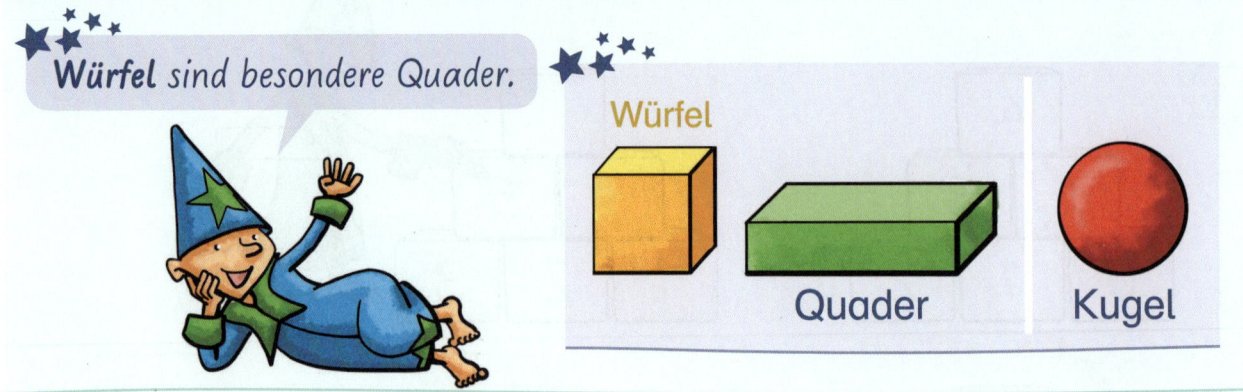

Würfel sind besondere Quader.

Würfel
Quader
Kugel

1

Saft
1L
NOTIZEN
Milch
1L

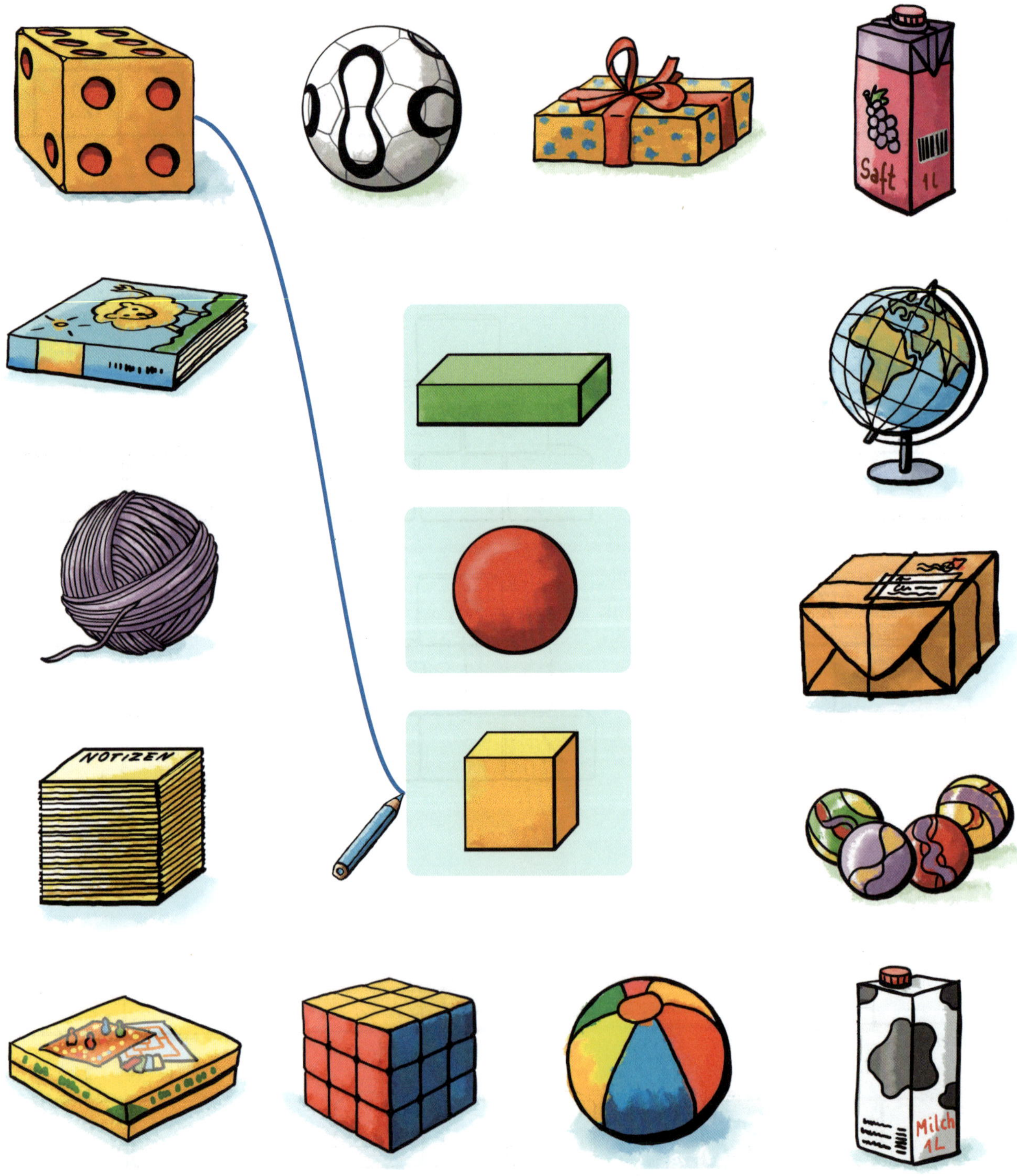

- **SF:** geometrische Körper benennen
- **SF:** geometrische Körper beschreiben – Begriffe „Ecke“, „Kante“, „Fläche“ nutzen
- geometrische Körper in der Umwelt entdecken

1

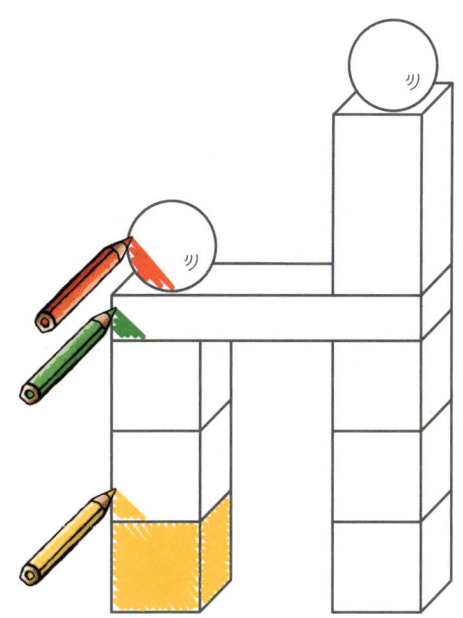

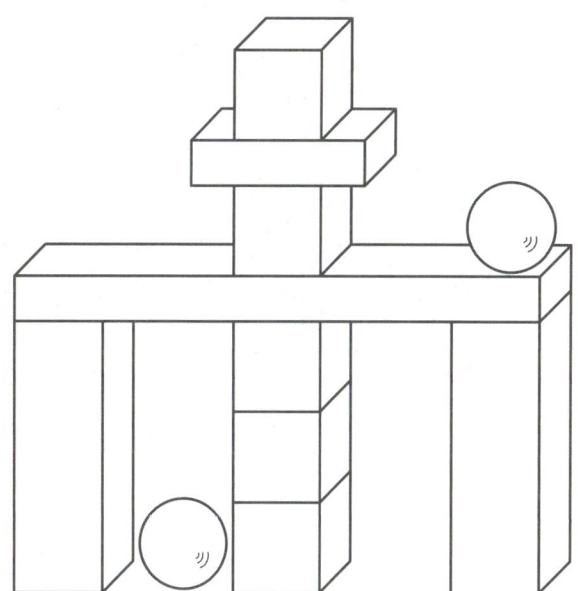

2

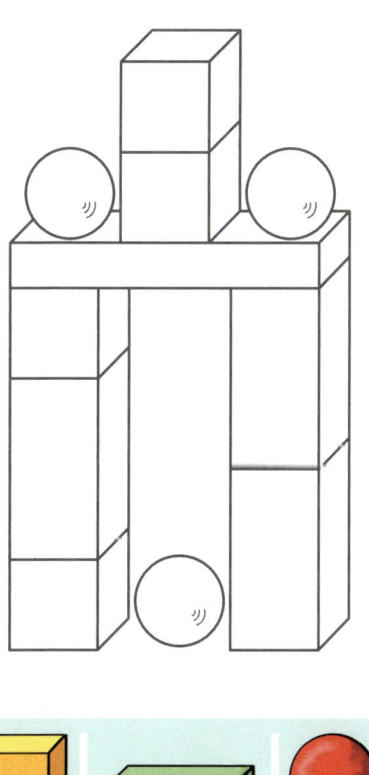

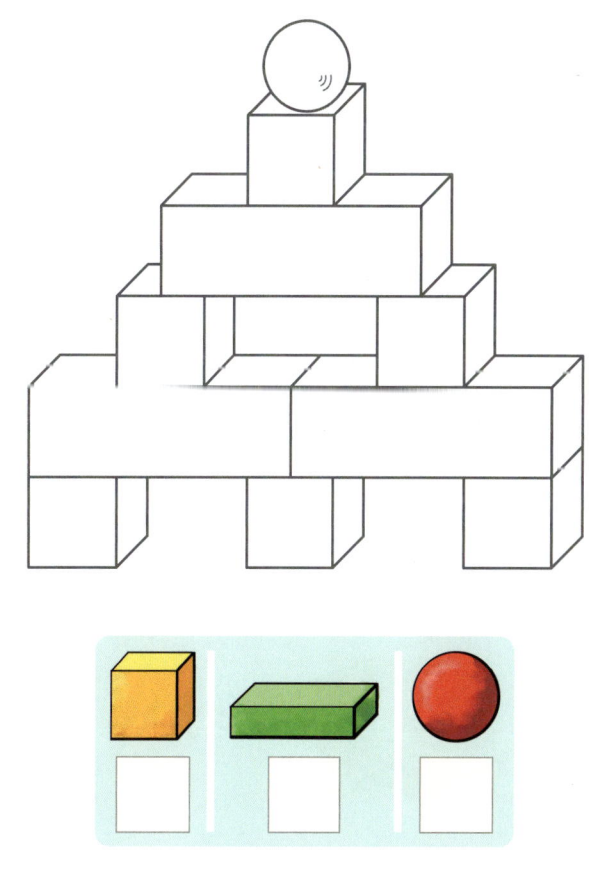

🟨	🟩	🔴	🟨	🟩	🔴
4					

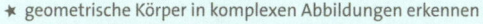

★ geometrische Körper in komplexen Abbildungen erkennen
★ nach Vorgabe ausmalen
★ jeweils Anzahlen verwendeter geometrischer Körper bestimmen

ÜH 29   **51**

2

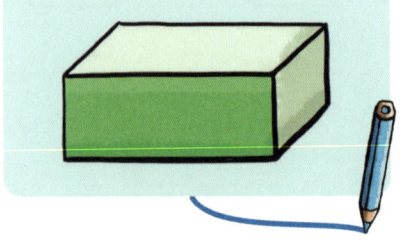 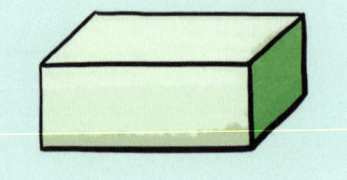 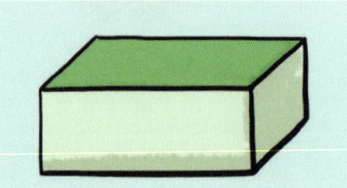

3

★ Flächenformen von Quadern und Würfeln abbilden
★ Flächenformen zuordnen

1

2

1

2

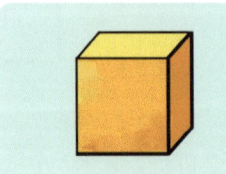

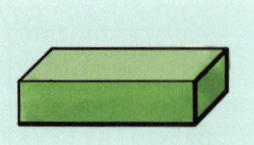

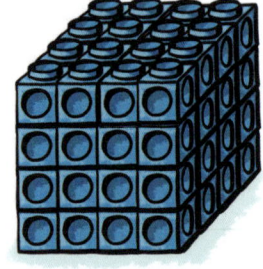

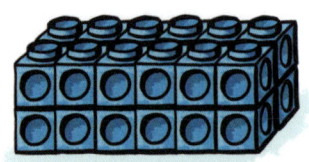

D 38

★ verschiedene Würfelbauten, auch Quader und Würfel, bauen
★ Quader und Würfel identifizieren

Themenheft 2

⭐ Rechnen bis 10 ⭐ Lagebeziehungen
⭐ Linien und Figuren zeichnen ⭐ Körper

Erarbeitet von:	Roland Bauer und Jutta Maurach
Redaktion:	Sophie Arndt, Friederike Thomas
Illustration:	Yo Rühmer
Umschlaggestaltung:	Cornelia Gründer, agentur corngreen, Leipzig
Layout und technische Umsetzung:	lernsatz.de

Begleitmaterialien für Lernende der ersten Klasse

Einstern 1 Paket Verbrauchsmaterial	978-3-06-084657-3
Einstern 1 *leicht gemacht* Paket Verbrauchsmaterial	978-3-06-084658-0
Übungssternchen	978-3-06-084656-6

 Deine **interaktiven Gratis-Übungen** findest du hier:

1. Gehe auf scook.de.
2. Gib den unten stehenden Zugangscode in die Box ein.
3. Hab viel Spaß mit deinen Gratis-Übungen.

Dein Zugangscode auf
www.scook.de | n88sh-5vfp8

www.cornelsen.de

1. Auflage, 2. Druck 2021

Alle Drucke dieser Auflage sind inhaltlich unverändert
und können im Unterricht nebeneinander verwendet werden.

© 2021 Cornelsen Verlag GmbH, Berlin

Druck: Athesiadruck GmbH

ISBN 978-3-06-084642-9
ISBN 978-3-06-084664-1 (Themenhefte 1–4 und Diagnose-Sternchen als E-Book)

Vorschläge für Plenumsphasen zum vertiefenden Erwerb prozessbezogener Kompetenzen

S. 4/5   Kinder erkennen und beschreiben im Bild dargestellte Grundsituationen der Addition; sie versprachlichen diese auch schrittweise in der Form, die den Stellen der Addition entspricht: „Zu Beginn …", „Dann [passendes Verb] dazu.", „Zusammen sind es …" (→ BigBook: Seite 12)

S. 7/29   Kinder beschreiben bildlich dargestellte Sachsituationen und zeigen den Zusammenhang zu Punktebildern und Rechenoperationen auf

S. 11/33   Kinder besprechen ihre Entdeckungen zum Aufbau und zur Struktur von Zahlenmauern: „Wenn ein Basisstein …, dann wird der Zielstein …"

S. 12   Kinder beschreiben die Eigenschaften von Tauschaufgaben und erkennen anhand ausgewählter Beispielaufgaben deren Nutzen als Rechenvorteil

S. 14/15/   Kinder beschreiben die Systematik von Nachbaraufgaben und unterschiedlichen Aufgabenreihen, auch im
34/35   Zusammenhang mit Ergebnissen

S. 24   Kinder entdecken, dass sich Lagebezeichnungen „rechts von" und „links von" jeweils auf die Perspektive des Betrachters beziehen; Kinder übertragen ihre Kenntnisse auf Beschreibungen im Klassenzimmer (→ BigBook: Seite 14)

S. 26/27   Kinder erkennen und beschreiben im Bild dargestellte Grundsituationen der Subtraktion; sie versprachlichen diese auch schrittweise in der Form, die den Stellen der Subtraktion entspricht: „Zu Beginn waren es …", „Dann [passendes Verb] …", „Am Ende sind es noch …" (→ BigBook: Seite 16)

S. 42   Kinder beschreiben zunächst die Umkehrbarkeit von Handlungen an Beispielen und übertragen diese dann auf entsprechende Rechenoperationen (Umkehraufgaben)

S. 50   Kinder ordnen mitgebrachte Verpackungen den geometrischen Körperformen „Würfel", „Quader", „Kugel" zu und beschreiben deren Eigenschaften; insbesondere Gemeinsamkeiten und Unterschiede von Würfeln und Quadern. Durch die Definition des Quaders: „Jeweils zwei gegenüberliegende Flächen sind gleich", ergibt sich, dass der Würfel mit seinen sechs gleichen Flächen ein besonderer Quader ist. (→ BigBook: Seite 18)

Vorschläge für die Förderung von Medienkompetenz

S. 4   Kinder halten Grundsituationen der Addition auf Fotos/in kurzen Videos fest und archivieren ihre Werke

S. 26   Kinder halten Grundsituationen der Subtraktion auf Fotos/in kurzen Videos fest und archivieren ihre Werke

S. 41   Kinder nehmen beim Zeichnen von Figuren Schablonen zur Hilfe

S. 50   Kinder gestalten eine Ausstellung mit konkreten Gegenständen oder Plakate zu den einzelnen geometrischen Körpern mit selbst gemachten Fotos oder recherchierten Abbildungen (mögliche Quellen: Werbeprospekte, Internet, …)

Synopse zu den Medienkompetenzbereichen

Suchen, Verarbeiten und Aufbewahren	S. 4, 26, 50
Produzieren und Präsentieren	S. 41, 50
Problemlösen und Handeln	S. 4, 15, 26, 35